SUBSTANCE DES MOYENS

POUR

LA COLONIE DE PONDICHÉRY,

CONTRE

TOUT MONOPOLE

AU SÉNÉGAL.

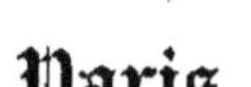

Paris.

IMPRIMERIE D'ÉDOUARD PROUX ET Cᵉ,

RUE NEUVE-DES-BONS-ENFANS, 3.

—

1842.

SUBSTANCE DES MOYENS

QUE

LE DÉLÉGUÉ DES ÉTABLISSEMENS FRANÇAIS DE L'INDE

FERA VALOIR

Devant la Commission instituée par ordonnance du   septembre 1842 (1),

Pour donner son avis touchant l'arrêté de M. le Gouverneur du Sénégal, du 16 avril 1842; arrêté qui accorde le monopole du commerce de la gomme et, par suite nécessaire, du commerce des toiles, dites

Guinées bleues de Pondichéry,

A une Société anonyme, instituée par M. le Gouverneur seul.

———————○———————

On ne révoquera pas en doute, j'espère, l'immense intérêt de Pondichéry à la question qui s'agite. Ses filatures à la main et à la mécanique, ses innombrables tisserands, ses cent quatre-vingt-deux teintureries (2), ses négocians, sont également rui-nés, sans ressource, s'ils sont laissés à l'avide merci des *mo-noleurs* que l'intrigue vient de faire surgir, par surprises faites à la religion d'hommes les plus honorables, les plus res-

(1) Composée de MM. Gautier, pair de France, gouverneur de la Banque, *président*; Gréterin, directeur des douanes; Galos, directeur des colonies; de Maisonneuve, directeur du commerce au ministère de l'agriculture; Fournier, Mérillon, de Lancastel et de Conninck, délégués *ad hoc* par les chambres de commerce de Marseille, Bordeaux, Nantes et le Havre. Elle est convoquée pour le 23 septembre 1842.

(2) J'en ai donné le détail p. 9 de l'imprimé (*Notions préliminaires*) du 12 avril 1842, distribué alors dans les ministères seulement. Quelques exemplaires conservés seront remis à la Commission.

1842

pectables. C'est une question de vie ou de mort pour une population de 90,000 habitans, tous et toujours libres, tous Français depuis plus d'un siècle (1).

Notre intérêt est aussi celui de toute la France. D'après un pareil précédent, que ne ferait-on pas de nos autres colonies? Si le *monopole*, direct ou indirect, est souffert ou toléré quelques instans de plus, le commerce de la gomme va passer pour toujours des mains de la France dans celles de l'étranger. Aussi bien que Pondichéry, le véritable Sénégal, c'est à dire le Sénégal honorable, est perdu; et, avec ces deux colonies, le commerce de nos grands ports, notre grande navigation.

Aussitôt que cet arrêté m'a été connu, j'en ai demandé *l'annulation*, dès lors immédiate, par lettres que j'eus l'honneur d'adresser à M. l'amiral ministre, les 2 mai et 13 juin 1842. J'accomplissais ainsi le mandat que je tiens de l'élection du conseil, et aussi de l'art. 116 de l'ordonnance royale du 23 juillet 1840, duement promulguée (1). Je l'accomplissais, d'ailleurs, dans le sens des délibérations du conseil général de l'Inde, dans la session extraordinaire de 1841, convoquée par ordre de M. le ministre. Depuis, grâce à la rapidité des communications, par Suez, le conseil convoqué encore, par la sollicitude de M. le gouverneur Du Camper, pour ses infortunés administrés; le conseil, par délibération du 5 juillet dernier, a justifié mes prévisions et ratifié mes agissemens, mes conclusions *d'urgence*. Il est même allé au delà.

C'est assez de préliminaires. Pour être fidèle à mon titre, et ne présenter ici qu'une sorte de cadre de la discussion, je dois être avare d'un mot.

J'attaque l'arrêté, et je dis :

Il est nul, *de non être*, comme pris hors des pouvoirs de M. le gouverneur;

(1) 90,000 pour Pondichéry et son territoire seulement : Karikal et Yannon ont aussi des fabriques de guinées. La population réunie de nos établissemens de l'Inde, est de 170,037 âmes. (*Ibidem*, p. 3.)

(2) *Bulletin des Lois* 756, n° 8,783.

Tout *monopole* est désastreux ;

Il l'est principalement au Sénégal ;

Il n'a point été institué dans l'intérêt de cette colonie, mais seulement dans celui d'imprudens et impitoyables créanciers, de non moins avides spéculateurs ;

Toute demi-mesure du gouvernement royal, tout retard, nous conduirait infailliblement aux mêmes abîmes.

§ 1er. *L'arrêté est nul*, de non être, *comme pris hors des pouvoirs de M. le gouverneur.*

Tous les jours, devant les cours mêmes qui l'ont prononcé, nous disons, sans aucunes précautions oratoires : votre arrêt du......... est nul ; car il est *incomplètement rendu.* Jamais les cours souveraines ne s'en trouvent le moindrement offensées. Il appartient à tous d'invoquer *le droit.* De même, à part ici la personne de M. le gouverneur du Sénégal, honneur à son caractère public, à son caractère personnel ! Je n'attaque que l'œuvre, fruit de son erreur ; l'intrigue le lui aura surpris (et peut-être à d'autres, non moins respectables encore). L'acte seul aussi sera l'objet de mes critiques.

C'est la disposition textuelle de l'art. 25 de la loi du 24 avril 1833 sur le régime *législatif* des colonies ; celles de l'Inde et du Sénégal sont uniquement régies *par Ordonnances du Roi.* Sa volonté est notre unique loi ; mais, bien entendu, c'est *au Roi seul* qu'il appartient d'user de ce *bon plaisir ;* nous ne sommes livrés à l'arbitraire d'aucun autre.

La volonté du roi ne peut se manifester que *par des ordonnances* (1).

Il ne suffit pas qu'une *ordonnance* royale soit rendue, signée

(1). C'est la disposition de l'art. 1er du Code civil. On a voulu faire une mauvaise distinction entre les *lois* et les *ordonnances* ; mais l'article 1er de l'Ordonnance du 27 novembre 1816 a répondu : « A l'a-
» venir, la *promulgation* des lois et *ordonnances* résultera de leur in-
» sertion au Bulletin officiel. »

et même contresignée d'un ministre; elle n'a de force légale, elle n'est *exécutoire*, en un mot, que quand elle est dûment *promulguée*.

Les ordonnances royales ne peuvent, en aucun cas, être annulées ni *modifiées* par des décisions ministérielles (1). Les instructions circulaires ministérielles n'obligent que les fonctionnaires dans la sphère de leurs fonctions (2).

Il y a plus : la violation de ces principes donne ouverture aux actions privées des personnes lésées, parce que là où un fonctionnaire a agi ou fait agir *hors des limites* de son pouvoir, il n'est plus *fonctionnaire*; il y a *nullité de non être* et action simple pour obtenir réparation du dommage. Mais je n'ai besoin de dire ceci que pour confirmer mieux la doctrine que je professe.

Nos colonies de l'Inde et du Sénégal sont soumises au *libre arbitre*, au *bon plaisir* du roi; je suis loin de le nier, ni de m'en plaindre; mais je soutiens qu'il faut que l'acte de cette volonté absolue soit une *ordonnance promulguée*, ou qu'il émane d'un pouvoir auquel cette autorité aurait été déléguée par *ordonnance exécutoire*.

Par suite de conséquences, je maintiens que, quand le roi a ordonné d'appliquer à une colonie *soumise à son bon plaisir*, une loi générale du royaume, ou qu'il a fait d'une matière quelconque l'objet d'une ordonnance particulière, ou enfin, qu'il a déterminé une limite quelconque aux pouvoirs coloniaux, la loi ou l'ordonnance ne peuvent plus être retirées ou modifiées, les pouvoirs définis ne peuvent plus être *étendus* ou *restreints* que par de nouvelles *ordonnances* dûment *promulguées*.

(1) Ordonnance, en Conseil d'État, du 29 janvier 1823.

(2) Ici les auteurs citent une foule d'avis du Conseil d'État, d'arrêts de ce corps, et de la Cour de cassation. Je n'ai pas l'intention de faire devant la Commission un mémoire d'avocat; mais je préviens que si la doctrine que je professe ici comme élémentaire était contestée elle serait bientôt établie par une courte dissertation en droit.

Ces principes fondamentaux ne seront pas révoqués en doute, je l'espère. Leur application à la question n'est pas difficile.

Le Code civil et plusieurs autres ont été publiés au Sénégal; mais avec les restrictions ou additions que, d'après la situation particulière de la colonie, il a plu à S. M. d'y faire.

Au contraire, le 4 juin 1819 le *Code de commerce*, sans aucune *modification* ni *exception*, a été mis en vigueur au Sénégal pour être exécutoire à dater du 1er juillet suivant ; depuis il a été la seule règle des tribunaux dans toutes les matières qu'il régit (1).

Son article 37 est ainsi conçu : «La Société anonyme ne peut » exister qu'avec *l'autorisation* du Roi, et avec son *approba-* » *tion* pour l'acte qui la constitue : cette approbation devra » être donnée dans la forme prescrite pour *les règlemens* » *d'administration publique.*»

Quelqu'ordonnance postérieure a-t-elle rapporté la généralité de la publication du Code de commerce, ou modifié son art. 37 ?

Celle du 7 septembre 1840 détermine, au chap. 2, *les* pouvoirs administratifs du gouverneur du Sénégal. L'art. 23 porte, § 1er : « Le gouverneur *suit* les mouvemens du commerce et » prend les mesures qui sont en son pouvoir pour en *encou-* » *rager* les opérations et en *favoriser les progrès.*

» § 3. Il *soumet* à notre ministre de la marine les demandes » ayant pour objet l'*établissement des sociétés anonymes.*»

L'obligation *d'encourager* et de *favoriser* les progrès du commerce n'est pas apparemment le pouvoir d'établir le *monopole* sur ses ruines.

L'indication *de transmettre* au ministre de la marine les demandes d'établissement des *société anonymes* n'est pas le pouvoir de déroger à l'art. 37 du Code de commerce : une telle délégation du pouvoir royal n'est pas faite au ministre lui-

_____

(1) *Notice statistique sur les colonies françaises*, imprimée par ordre de M. l'amiral Duperré, tom. 3, p. 244.

même. *La transmission de demande* n'a pour but que d'*attri-
buer* ici au ministre des colonies les examens, rapports et opérations préliminaires à *l'autorisation* de la société, examens,
rapports et opérations qui, dans la métropole, font partie du
département du ministère de *l'agriculture et du commerce.*

Aussi on invoque une autre ordonnance du 9 janvier 1842,
ajoutant aux dispositions qu'on vient de lire, celle-ci :

« Le gouverneur règle le mode, les conditions et la durée
» des opérations commerciales, avec les peuples de l'intérieur
» de l'Afrique, et détermine les localités où les échanges sont
» permis. »

Je vois bien ici la délégation du pouvoir de créer, supprimer et réglémenter les foires et marchés, dits *Escales*, et d'en
assurer la bonne police. Mais où est enfin la suppression de
l'art. 37, où est le pouvoir de le supprimer, ou le pouvoir de
tuer le commerce pour engraisser le *monopole* de sa subs-
tance ?

J'ai cité les seules ordonnances promulguées.

Cependant, je vois que M. le gouverneur dit (art. 23) que
son arrêté « à force d'ordonnance royale, *en vertu des pou-
» voirs qui nous ont été conférés par S. M.* »

Mais, c'est précisément là la grande question. Je nie que
les pouvoirs justificatifs soient dans les ordonnances. M. le gouverneur l'a si peu cru lui-même, qu'au préambule de son arrêté, après le *vidimus* des lois et ordonnances, y compris celle
du 9 janvier 1842, je lis : « Vu la dépêche ministérielle du
» 21 du même mois, contenant *instruction* sur le *caractère*
» et les *effets* de ladite ordonnance dans son *application.* »

Ici, je me vois dans la nécessité de toucher une corde bien
sensible : cela me vaudra des haines personnelles. Mais, je le
dois au mandat honorable des franco-indiens de Pondichéry :
advienne que pourra, j'accomplirai tous mes devoirs.

Habenus patentem reum ! Aux lois et ordonnances dûment
promulguées, on veut substituer un régime occulte d'*instructions secrètes*, au moyen desquelles on pourra changer du
blanc au noir, la couleur, le caractère et les effets de l'acte

public de l'omnipotence royale sur nous ; au moyen d'instructions on pourra conférer, étendre ou restreindre des pouvoirs publiquement définis par le roi notre souverain, mais unique modérateur. Ainsi, au lieu de cette omnipotence, nous serons livrés à l'arbitraire de tout autre que du roi.

Voilà l'hérésie incroyable et monstrueuse que j'attaque à la face du soleil, au nom de ma colonie : elle en a déjà bien souffert peut-être...... Mais l'exemple éclatant d'aujourd'hui me suffit à citer.

Cette hérésie aurait pour résultat infaillible de faire glisser le *pouvoir absolu du roi* sur nous, non pas aux mains de ses ministres, qui ne veulent pas l'usurper, mais de fait (selon l'importance des matières) jusque dans les mains de personnes placées aux derniers échelons de la hiérarchie administrative.

Cette hérésie est bien dangereuse, trop invétérée *sans doute*, puisqu'elle vient de faire illusion à un homme d'un caractère aussi respectable que l'est M. Montaguiez de la Roque. Voici l'occasion de l'extirper ; il faut la saisir. Alors on sera moins aventureux à composer des *instructions secrètes* pour substituer d'étroites idées à des vues élevées, ou pour servir des intérêts cupides ; alors on sera plus circonspect *à faire passer à la signature*, et à compromettre ainsi l'autorité et le nom d'hommes non moins vénérables par eux-mêmes que par leur haute position.

Veut-on une preuve sans réplique, qu'ici il y a eu surprise de ce genre ?

L'ordonnance législative *promulguée* est du 9 janvier, *les prétendues instructions secrètes* seraient du 21 du même mois. Si, de bonne foi, on eût cru que de l'ordonnance devait résulter pour le gouverneur le pouvoir de rapporter l'art. 37 du Code de commerce, et celui plus exorbitant d'instituer un *monopole*, et d'agir ainsi *en souverain*, et sur l'Inde et sur nos grands ports de la métropole, pourquoi l'ordonnance du 9 janvier ne contient-elle pas explicitement ces pouvoirs ? Deux lignes de plus auraient suffi.

Pourquoi? C'est que de deux choses l'une :

Ou le roi, sollicité en vain, ne l'a pas voulu ;

Ou les *monopoleurs* et leurs agens auront prévu *qu'il ne le voudrait pas.*

Dans le second cas, ils se sont condamnés eux-mêmes à l'avance.

Toute l'intrigue, tous ses moyens tortueux sont maintenant dévoilés. On voit assez que, désespérant de surprendre la signature royale, précédée d'examens plus sérieux, entourée de plus de solennités, elle aura, *par un insigne abus de confiance,* surpris, à la loyauté même, une signature qui, à son tour, a fait illusion à M. le gouverneur.

J'entends des clameurs intéressées : « Vous voulez rendre le pouvoir impossible. » — Le pouvoir, est-ce donc vous? Laissez : c'est moi qui, fidèle aux principes monarchiques de toute ma vie, c'est ici moi qui défends le pouvoir royal contre vos sourdes mais journalières usurpations ; c'est moi qui, par l'exemple que je sollicite, veux donner à MM. les ministres une plus efficace garantie contre d'aussi indignes abus de la confiance que, il faut l'avouer, leur position élevée même les contraint le plus souvent de reposer sur d'autres.

Laissons les faits et ce qu'ils ont de pénible, revenons aux principes, à leur salutaire rigueur.

L'arrêté du 16 avril est nul *de non être,* car il est évidemment pris en dehors de tous les pouvoirs de M. le gouverneur.

Dès lors, suivant que j'avais l'honneur de le dire à M. l'Amiral Ministre, par lettre du 13 juin dernier, il faut se hâter de l'annuler : « Fondé sur cette règle de droit, ou plutôt de » haute raison sociale, conservatrice de la pondération des » pouvoirs publics, aussi bien que des droits et intérêts privés : » *Spoliata ante omnia restituenda.* »

A rentrer sans hésitation dans le droit commun et dans le principe normal de la liberté du commerce, par l'annulation de *l'acte illégal* qui les blesse, je vois cet autre avantage pour MM. les ministres.

On élève une foule de questions sur l'utilité d'un monopole

plus ou moins étendu au Sénégal, sur celle de coalitions, de compromis, etc., etc.

En faisant cesser le scandale de l'infraction patente des lois, en annulant pour cause de nullité, *de non être*, vous ne préjugez rien sur ces grandes questions, vous ne compromettez rien, vous ne vous engagez en rien. Et s'il vous faut du temps pour examiner, résoudre et faire statuer au fond *par ordonnances promulguées*, vous l'avez, vous en êtes les maîtres.

Mais que d'abord les lois et le pouvoir royal soient vengés de l'outrage qui leur a été fait.

§ 2. *Tout monopole est désastreux.*

Ce n'est pas devant une commission composée de presque tous commerçans, ou vétérans de la haute science commerciale, que j'entreprendrai sérieusement de prouver cette vérité. Ce paragraphe ne devait donc que servir de cadre à quelques réflexions, sur ce vaste sujet, que je croyais devoir soumettre à la commission ; mais je les trouve, avec bien d'autres, dans un *mémoire* remarquablement bien fait, de M. Louis Reybaud, inséré dans le dernier numéro du *Journal des Économistes*. Je sais que des exemplaires de ce numéro doivent être distribués à la commission : je me borne donc à lui signaler et, par elle, à l'attention du gouvernement, un seul point de droit constitutionnel.

Dans l'état actuel de notre législation, lorsqu'une question de *monopole* direct ou indirect peut affecter, non seulement des colonies soumises à un régime exceptionnel, mais de grands intérêts métropolitains, pourrait-on statuer autrement que par acte *législatif constitutionnel?*

§ 3. *Tout monopole serait spécialement désastreux au Sénégal.*

Ce qui me préoccupe surtout, ce sont les grands intérêts de l'Etat, c'est à dire ceux de la métropole étreignant dans ses bras maternels l'ensemble de ses colonies. Notre prospérité dans l'Inde dépend de la prospérité réciproque. Or, on n'osera pas nier que ce point optime serait atteint pour tous si, par le Sénégal, on écoulait la plus grande masse possible de guinées, si par lui on recevait une quantité de gommes indéfiniment croissante.

Or, deux ordres de faits importans sont établis, je crois, par les *renseignemens topographiques* que je viens de publier.

1° Les Maures, ces barbares que le monopole parle d'exterminer, sont au surplus des hommes fins, rusés, très éclairés sur leurs intérêts et avancés dans la science du commerce d'échange; nomades, ils sont voyageurs par nécessité, par goût; aussi, avec le chameau, *vaisseau du désert*, disent-ils, on voit leurs caravanes, et souvent des peuplades ou tribus entières franchir avec la dernière facilité l'espace du Nil au Sénégal et au Niger; d'autant plus que s'ils sont féroces par fanatisme envers les Nazaréens ou Chrétiens, entre eux et leurs coreligionnaires ils sont essentiellement hospitaliers. Ils sont d'une sobriété incroyable pour notre mollesse européenne. Industrieux par intérêt, ils récoltent, pour nous l'apporter, la gomme de trois forêts voisines de notre fleuve. Mais ce que le monopole se gardait de nous dire, et ce que je viens de prouver, ils ne s'en tiennent pas là : ce sont eux qui, au delà du fleuve, vont récolter la gomme de la Sénégambie et qui nous l'apportent aux escales confondue avec celle des forêts de la rive droite. Dans certaines années où la *guinée* (billet de banque de l'Afrique) leur revenait à bas prix, on les a vus apporter une quantité inconcevable et toujours croissante de gomme. N'en obtenaient-ils pas une partie de leur commerce de troque avec les habitans de la Sénégambie, ceux plus éloignés du désert et de l'intérieur de l'Afrique (1). Enfin les caravanes *de marchands* sont protégées, respectées, *même en temps de*

---

(1) Il venait naguère de bien loin sur le Sénégal ou le Falémé, son affluent, des caravanes de l'intérieur. Les Anglais ont su les détourner et les attirer sur la Gambie.

guerre, par la sagesse des princes ou chéiks africains (1).

Faisons-le remarquer ici: si tant de prospérité a cessé son accroissement, ce n'est pas seulement parce que les récoltes de gommes auront été mauvaises; c'est principalement parce que, immédiatement après les bonnes années, où ces gommes étaient à bas prix, l'avidité des *coalitions* et, cette année, celle du *monopole* ont tout-à-coup triplé le prix de la guinée. Comment alors le commerçant, le facteur africain pouvait-il trafiquer utilement avec les peuplades ses voisines ?

Ainsi, j'en suis convaincu, avec un peu de longanimité, d'esprit de suite dans le gouvernement, d'adresse dans les négociations avec les princes du désert et surtout *de justice*, la plus belle de toutes les finesses politiques, avant peu, excités par leur intérêt et par le prix *équitable* de la guinée, ces barbares Trarzas et Braknas deviendraient les facteurs de nos commerçans et les agens d'une civilisation plus avancée, plus parfaite, jusque dans les profondeurs reculées du désert, jusqu'aux rives du *Joliba* où l'Angleterre cherche depuis si long-temps et avec tant de persévérance à s'ouvrir une route.

Ceci m'appelle à l'exposé de la seconde des grandes considérations que je veux soumettre à la commission.

2° Si le monopole (et tout ce qui tendra à empêcher que la *guinée* soit au meilleur marché possible en Afrique) met un obstacle insurmontable à un avenir de prospérités indéfinies pour notre commerce au Sénégal, il va, de plus, livrer aux Anglais cet avenir et le présent même.

Ici je me réfère aux démonstrations des *renseignemens topographique*s que je viens de publier il y a trois jours.

Partout, la traversée du fleuve du Sénégal est praticable et pratiquée par les peuplades riveraines avec leurs bêtes de charge, leurs marchandises et notamment *la gomme*. La caravane est comme un élément de la vie nomade, et, en général, de la vie africaine. La fertile Sénégambie intérieure est toute perméable aux caravanes, elle en est journellement sillonnée.

____

(1) V. *Renseignemens topographiques*, p. 11.

Les caravanes de marchands sont respectées et protégées par les princes africains, *même en temps de guerre.* Des cours d'eau abrègent encore la petite distance entre le Sénégal et la Gambie. Déjà les caravanes qui, de l'intérieur du Sahara ou des rives du Joliba (Niger), venaient commercer vers Galam sur le Sénégal, rebutées par le haut prix de la guinée, attirées par les Anglais, se rendent sur la Gambie (1). Cette rivière, non moins que Portendick, fixe l'attention du gouvernement et du parlement britanniques. Des commissions sont nommées, des ouvrages publiés, afin d'arriver à tirer, à nos dépens, tout le parti possible de cette position. Afin que l'exécution des plans arrêtés soit plus forte et rapide, le gouvernement de Baturst (2) est mis sur un plus grand pied et rendu tout-à-fait indépendant de celui de Sierra-Leone. Enfin les grandes maisons de commerce de la Gambie font déjà, aux meilleures maisons du Sénégal, que nous laissons ruiner par le monopole, des propositions de coalition, pour rejeter tout le commerce des gommes sur la Gambie ; et sans le patriotisme de la maison française, la coalition serait consommée et mise à exécution dès la prochaine campagne commerciale. Mais ce patriotisme empêchera-t-il l'exécution des projets formés, ne fût-ce qu'avec les secours pécuniaires du gouvernement anglais lui-même (3)?

Nous ne pourrions résister aux plans de nos éternels enne-

(1) On a la certitude de ce fait dans les bureaux de la Marine : il est d'ailleurs de notoriété publique.

(2) Ou Sainte-Marie de Gambie, sur la rive gauche, en face de notre comptoir d'Albreda. On dit qu'on est en négociation pour échanger Albreda contre le droit de commercer qu'ont les Anglais à Portendick. Si l'habile cabinet de Londres y consent, c'est, n'en doutez pas, qu'il est certain de vous mieux supplanter par la Gambie dans le commerce des gommes.

(3) Les coutumes ou subsides que nous payons aux princes africains, montent en tout à 41,000 fr. (V. *Notices statistiques*, tom. 3, pag. 258); croyez-vous que le gouvernement anglais se ferait faute d'une somme supérieure pour nous supplanter?

mis commerciaux , qu'avec une habileté consommée et qui sût, s'il le fallait, aller momentanément jusqu'à faire faire par l'État des sacrifices afin d'arriver à livrer aux peuples africains la guinée au meilleur marché possible. Au lieu de cela, si on écoute davantage le monopole , nous allons livrer , en aide aux efforts des Anglais, nos fautes, nos lourdes fautes, des fautes d'écoliers.

A cela que répond le *monopole* ? Nouveau Protée, il met son chapeau de travers, arbore le haut plumet , brandit le grand sabre, et se plaçant à la tête de nos vaillans marins, de nos valeureux soldats, il s'écrie : « Laissez-nous faire, si l'on « résiste à nos volontés nous exterminerons Trarzas, Braknas, « Dovicks, Foules et Yolofs, S'il le faut même nous ferons la « guerre à!... » Ici leur langue s'épaissit, ils n'achèvent pas. Oui : là précisément est pour nos braves au Sénégal ce qui doit, non pas attiédir leur indomptable courage, mais le rendre sagement circonspect. Disposent-ils de volontés, de raisons d'État supérieures ? L'étincelle d'un incendie peut être caché dans les sables du désert. Qu'ils se gardent donc d'écouter les fanfaronnades des monopoleurs.

D'ailleurs, à ne considérer que le Sénégal , la guerre, eh! pourquoi? pour *l'interét privé* de créanciers imprudens contre des nations qui ne veulent pas se laisser *voler* dans leur commerce ; qui pourraient devenir nos facteurs dans toute l'Afrique intérieure et ouvrir les portes à un immense commerce pour nous. La guerre, pour interdire sans doute aux nations d'Afrique leur commerce international, pour les obliger *à décréter la suppression de la caravane;* la guerre, qui brisant tous nos traités, irait ouvrir une plus large porte aux négociateurs anglais !

Voilà la philantrophie du monopole , voilà son patriotisme.

§ 4. *Le monopole attaqué n'a point été institué dans l'intérêt du Sénégal, mais dans celui d'imprudens et impitoyables créanciers.*

M. Régis aîné de Marseille (1) a publié et prouvé les faits nombreux qui établissent cette proposition; il doit soutenir également avec moi ces preuves devant la commission; je n'ai donc qu'à en déduire ici les conséquences.

Quels sont les créanciers du Sénégal? Cinq à six maisons de France, trois à quatre du Sénégal. Celles-ci n'attendent que la *liquidation* pour partir et emporter aussi toute leur immense fortune.

Pourquoi sont-ils créanciers? Parce que voulant, se supplanter mutuellement, et arriver, par la ruine des autres, du *monopole* de fait, ils ont pris pour *facteurs-traitans* tous les aventuriers ou hommes sans ressources du Sénégal; parce qu'enfin ils ont vendu à vil prix, espérant qu'une autre année ils vendraient la même guinée à six fois sa valeur (2). On a même cité le trait du chef d'une maison qui s'était publiquement vanté, à certaines eaux, avoir, l'année précédente, dépensé

(1) M. Régis, qui a aussi au Sénégal une maison considérable, est en ce moment à Paris, non seulement en son nom, mais en celui de toutes les autres maisons de Marseille et de Bordeaux, détentrices ou consignataires de *guinées* pour compte des tisserands, teinturiers et négocians de Pondichéry. Il est donc en quelque sorte ici mon collègue, car il est mandataire des intérêts privés des Pondichériens, comme le délégué l'est des intérêts généraux de cette colonie.

(2) Quelqu'un a même avoué qu'une année il avait su obtenir des Maures jusqu'à soixante-quinze kilogrammes de gomme pour une pièce de guinée. Une autre année, la précédente, on avait acheté toute la guinée, sur *tous les marchés de l'Europe,* et jusqu'à Bourbon! Ce sont de belles et hardies spéculations d'*accapareurs*; mais il faut savoir en supporter les chances fâcheuses et ne pas vouloir les rejeter sur autrui.

dés centaines de mille francs pour faire tomber telle autre maison. Aujourd'hui elles sont, pour l'édification publique, unies *en monopole.*

Quels sont les débiteurs? Tout ce qu'il y a de mauvais traitans au Sénégal. On gémit sur eux! Pitié hypocrite.

Une liqueur précieuse est répandue sur le sol, on pose dessus une éponge, que l'on étreint ensuite jusqu'à siccité. Lisez les art. 6, 7 et 11 de l'arrêté : qu'est le *débiteur traitant?* l'éponge entre les mains de son créancier. Et il pleure, ce loyal créancier, sur le sort affreux de ces pauvres traitans, auxquels, prenez-y bien garde, *il ne remet pas un centime* de capital, pas *un centime* d'intérêts, et il les exproprie, il les emprisonne, surtout s'ils ne signent pas tout ce qu'il veut en faveur du salutaire monopole.

De combien est la dette véreuse? 3,000,000 au plus. Demandez ce que doivent Bourbon, la Martinique, la Guadeloupe, Marseille, Bordeaux et le Havre ; et réfléchissez quelles immenses fortunes réalisées ont été exportées du Sénégal en France : Peut-être, si vous y faites attention, y comprendrez-vous celles-là même des créanciers monopoleurs.

Comment s'y prend-on pour faire payer ces misérables ruinés qui n'ont jamais eu rien? Oh! certes, on ne nous dévalise pas au coin d'un bois, mais on tient de force notre poche, à nous laborieux et infortunés Français de Pondichéry, on la tient ouverte aux insolvables du Sénégal.... La morale est admirablement sauvée !

§ 5. *Toute demi-mesure du gouvernement royal, comme le moindre retard, nous reconduirait aux abîmes signalés.*

J'appelle *demi-mesure* toute nouvelle combinaison équivalente au monopole.

Je conçois parfaitement qu'on puisse faire des ouvertures de *transaction* à tel ou tel négociant de Marseille ou de Bordeaux. Il n'y a qu'à lui donner part au monopole, s'il ne voit que lui, et s'il ne sait pas apercevoir derrière le monopole, l'Anglais et la ruine immédiate du commerce français de gomme, certes il acceptera.

Mais à nous, Pondichériens, proposer des transactions!... allons, ce serait dérision.

J'appelle demi-mesures, et mesures funestes, toutes *coalitions*, tous règlemens de *minimum* ou de *maximum* de prix des marchandises. Quel pourrait être leur but ? De tenir élevé le prix de la *guinée*. Mais l'intérêt de l'État, son intérêt urgent, est au contraire de faire en sorte qu'elle soit promptement établie au plus bas prix possible. Et ce serait le gouvernement qui ferait la faute énorme d'organiser, de favoriser des coalitions, et de vouloir *réglementer* une chose aussi mobile, aussi insaisissable que les intérêts du commerce (1). Ce serait vouloir nous ramener aux premiers âges de la science commerciale, de la science gouvernementale.

J'appelle demi-mesure, jusqu'à l'institution d'une compagnie, dite de Galam, pour le commerce du haut du fleuve. C'est précisément celle-là qui nous fermerait l'ouverture (*par les caravanes*) du Sahara et de la Nigritie. Qui, si ce n'est elle et la cherté de ses marchandises, qui a déterminé à se jeter sur la Gambie ces nombreuses caravanes qui naguères se rendaient à nos établissemens, à nos *escales*, au confluent du Ba-Fing et du Falémé.

Enfin j'appelle demi-mesures et mesures imprudentes, au moins pendant quelques années, tous droits *différentiels* ou

(1) Je l'ai dit dans mes *Notions préliminaires*, pages 7 et 31. Je ne mets pas, dans la classe des *règlemens imprudens* du gouvernement, celui qui fixerait les *dimensions et le poids des guinées* admises dans nos entrepôts de douanes pour le Sénégal. Pourquoi ?

Partout c'est le droit et le devoir des gouvernemens de veiller au titre et au bon aloi des monnaies en circulation. Or, la *guinée toile* est, en Afrique, le *signe monétaire* convenu, elle y remplace la pièce d'or, il faut donc veiller à ce que l'avidité du gain n'aille pas décrier notre commerce, en livrant à l'Africain de la monnaie fausse ou altérée.

autres prétendues balances entre les fabricans et négocians français de la métropole ou de l'Inde française. Tout cela ferait monter le prix de la guinée, et l'Anglais est là. A Portendick et sur la Gambie il guette nos fautes comme une proie assurée. Semblables aux malheureux naufragés de la Méduse, irions-nous nous entr'égorger pour la *fourniture de la guinée*. Et on ne veut pas comprendre cela. Malheureux siècle ! entreprends-tu donc de bâtir une tour de Babel des intelligences ?

Je n'ai plus qu'un mot à dire sur les délais qu'on voudrait apporter à la décision.

Je l'avais prédit à M. l'amiral dans une lettre du 13 juin. Voici le plan des monopoleurs :

Ils abandonnent la défense de l'arrêté du 16 avril, ils en font une sorte de bouc émissaire. Mais il faut le perfectionner, disent-ils ; or, perfectionner, dans leur langage, c'est outrer de plus en plus le privilége exclusif : il en est même qui, nous reconduisant au XVI⁰ siècle, proposent simplement de céder le Sénégal en toute propriété à une compagnie. Ceux-là, il est vrai, sont des amateurs de progrès *à la course au clocher*, qui se sont mis en frais d'imagination de compte à demi, avec des idéologues aux creuses élucubrations.

Mais ce n'est pas seulement ce projet, ce sont dix autres qu'on jettera sur le bureau de la commission. Dans la plupart, on ne prononcera même plus le nom du *monopole* : fi donc ! il fait horreur même à certain journal de Bordeaux. Mais la *coalition*, oh ! la divine coalition ! c'est là qu'est le salut. On peut la baser sur *la liberté et l'égalité* du commerce pour tous, et on peut la rendre si douce, qu'il faudra *être Maure* pour oser s'en plaindre.

Que répondre à des projets qu'on n'a garde de publier, à des gens qui, prenant le Sénégal pour un département de l'intérieur, pour la Nièvre, par exemple, font perpétuelle abstraction du Maure, de l'Anglais, et du bas prix urgent de la guinée. Que répondre ?

Que j'écris pour les négocians dignes de ce nom et pour les hommes d'État.

Mais que MM. les ministres et les membres de la commission ne s'y méprennent pas, le véritable but est de les enlacer dans le vain examen de ces projets non définis ou contradictoires à dessein. Pendant ce temps l'arrêté subsistera et le *monopole* aura encore une campagne pour proroger des espérances, dont l'événement vient de démontrer l'extravagance, et pour consommer ainsi la ruine de la France dans son commerce de gomme.

Voilà pourquoi je tiens à demander, avant tout autre examen, la cassation immédiate de *l'arrêté illégal* du 16 avril.

Il ne me reste plus qu'à conclure. Ici mon œuvre est tracée par la délibération du conseil général des établissemens français de l'Inde, du 5 juillet dernier (1). Mais je dois dire que c'eût été aussi l'œuvre de mon propre mouvement si la délibération du conseil eût tardé à être transmise au ministère. Ma lettre du 13 juin en fait foi.

(1) Voici le texte de cet acte :

« Le conseil émet le vœu que M. le gouverneur soit invité à présenter à M. le ministre de la marine les réclamations du conseil général, contre la mesure prise par le gouverneur du Sénégal, et en sollicite l'abolition comme illégale et attentatoire aux intérêts du pays, qu'il demande que le commerce soit indemnisé des pertes que cet arrêté lui fera éprouver par ses conséquences, et que, pour fixer dès ce moment les droits de chacun à cette indemnité, le commerce de Pondichéry soit invité à fournir au conseil général un état des guinées restées invendues pour son compte sur les marchés de France, au moment où on y a eu connaissance de l'arrêté pris par M. le gouverneur du Sénégal, et, lors même que cet arrêté n'eût pas eu l'approbation de M. le ministre de la marine, faire ressortir le préjudice qu'il a causé au commerce de notre ville.

» Les États à fournir par le commerce devront faire connaître la date de l'expédition des guinées, le point de destination et le nom du navire sur lequel elles ont été expédiées, la quantité et la valeur sur facture. »

Tableau des exportations de guinées de Pondichéry, d'après le relevé fourni par M. le capitaine du port.

1837	7,630 courges ou	152,600 pièces.
1838	— —	377,240 —
1839	— —	170,640 —
1840	— —	25,360 —
1841	— —	88,660 —
1842	au 30 juin,	10,480 —

CONCLUSIONS.

Je conclus donc devant la commission d'enquête , pour parvenir par elle au gouvernement ,

A ce qu'il plaise au gouvernement du roi,

Déclarer nulle pour nullité de non être *et excès de pouvoir , l'arrêté de M. le gouverneur du Sénégal du* 16 *avril dernier , attribuant à une compagnie le privilége exclusif du commerce de la gomme ;*

Conserver à tout commerce au Sénégal la liberté dont il jouit dans la métropole ;

En conséquence, rejeter tous projets d'autre monopole , d'association, de coalition , de règlemens, de droits différentiels, ou toute autre mesure qui tendrait à entraver la liberté du commerce ou à faire monter au Sénégal, et pour les peuples africains , le prix de la toile guinée ;

Faire indemniser par le Trésor public, ou par qui de droit, les fabricans , négocians ou autres habitans de Pondichéry , des torts et préjudices qu'ils ont soufferts , par suite de l'arrêté illégal et impolitique du 16 *avril ;*

Au surplus accorder acte au conseil général et à son délégué, de ce que , par cette partie des conclusions prises dans l'intérêt de particuliers de l'Inde française, ils n'entendent pas préjudicier ceux-ci dans l'exercice de leurs actions privées, vers et ainsi qu'il appartiendra et sauf tout recours de garantie tel que de droit.

Paris, 18 septembre 1842.

JOYAU (*avocat*),
Délégué des établissemens français de l'Inde.

IMPRIMERIE D'ÉD. PROUX, RUE NEUVE-DES-BONS-ENFANS, 3.

www.ingramcontent.com/pod-product-compliance
Lightning Source LLC
Chambersburg PA
CBHW051217050726

47594CB00007B/3262